무비 스님의 초발심자경문
독송본

무비 스님의

초발심자경문

— 독송본 —

계초심학인문 · 발심수행장 · 자경문

담앤북스

초발심자경문

『초발심자경문初發心自警文』은

고려시대 지눌 스님의「계초심학인문誡初心學人文」과

신라시대 원효 스님의「발심수행장發心修行章」

그리고 고려 말 야운 스님의「자경문自警文」을 합본한 책이다.

이 책은 출가 사미승에게 입문서이자

불교 초심자에게 필독서이며

일반인에게는 윤리 규범과 인격 수양을 함양하는 교양서이다.

「계초심학인문」은 불문에 들어온 초심자의 자세와

승당 생활에서의 몸가짐, 마음가짐을 기술한 수행청규로서

'계초심'이란 수행자가 경계해야 한다는 뜻이고

'학인문'은 배우는 사람의 글이라는 뜻이다.

「발심수행장」은 발심과 수행의 올바른 방향을 제시한 글이며,

「자경문」은 수행자가

스스로를 경계하고 지켜야 할 내용을 담고 있다.

독송 발원문

발원자:　　　　　　　　　　　　　　두손모음

차례

계초심학인문誡初心學人文

1. 초심학인의 자세 8
2. 초심학인의 수행 14
3. 초심학인의 청법 20

발심수행장發心修行章

1. 부처님의 삶, 중생의 삶 32
2. 수행자의 삶 36
3. 지금, 여기의 삶 46

자경문自警文

1. 생사해탈 54
2. 자경십문 66
3. 전법도생 96

誡初心學人文
계초심학인문

知訥 述
지눌

無比 譯
무비

誡初心學人文
계 초 심 학 인 문

1. 초심학인의 자세

夫初心之人은
부 초 심 지 인

須遠離惡友하고 親近賢善하야
수 원 리 악 우 친 근 현 선

受五戒十戒等하야 善知持犯開遮니라
수 오 계 십 계 등 선 지 지 범 개 차

但依金口聖言이언정 莫順庸流妄說이어다
단 의 금 구 성 언 막 순 용 유 망 설

旣已出家하야 叅陪淸衆인댄
기 이 출 가 참 배 청 중

常念柔和善順이언정 不得我慢貢高어다
상 념 유 화 선 순 부 득 아 만 공 고

계초심학인문

1. 초심학인의 자세

무릇 처음 발심한 사람은 반드시 악한 벗을 멀리하고 어질고 착한 이를 가까이해야 하며, 오계와 십계 등을 받아서 잘 간직하고 범하고 열고 닫을 줄을 알아야 하느니라. 다만 부처님의 성스러운 말씀에 의지할지언정 용렬한 무리의 망설을 따르지 말지어다.

이미 출가하여 청정한 대중 속에 참여하였거든 항상 부드럽고 화합하고 착하고 순수함을 생각할지언정 교만심으로 잘난 체하지 말지어다.

大者는 爲兄하고 小者는 爲弟니
대 자 위 형 소 자 위 제

儻有諍者어든 兩說을 和合하야
당 유 쟁 자 양 설 화 합

但以慈心相向이언정 不得惡語傷人이어다
단 이 자 심 상 향 부 득 악 어 상 인

若也欺凌同伴하야 論說是非인댄
약 야 기 능 동 반 논 설 시 비

如此出家는 全無利益이니라
여 차 출 가 전 무 이 익

財色之禍는 甚於毒蛇하니
재 색 지 화 심 어 독 사

省己知非하야 常須遠離어다
성 기 지 비 상 수 원 리

無緣事則不得入他房院하며
무 연 사 즉 부 득 입 타 방 원

當屛處하야 不得强知他事하며
당 병 처 부 득 강 지 타 사

非六日이어든 不得洗浣內衣하며
비 육 일 부 득 세 완 내 의

臨盥漱하야 不得高聲涕唾하며
임 관 수 부 득 고 성 체 타

큰 사람은 형으로 여기고 작은 사람은 아우로 여길지니, 만일 서로 다투는 이가 있거든 두 사람의 말을 화합시켜 서로가 자비로운 마음으로 대하게 할지언정, 나쁜 말로써 사람을 상하게 해서는 안 되느니라.

만약 도반을 속이고 업신여겨서 시비를 한다면, 이와 같은 출가는 전혀 이익이 없느니라. 재물과 이성에 의한 화는 독사보다 더 심하니, 자기를 반성하고 그릇된 줄을 알아 모름지기 항상 멀리할지어다.

일 없이 다른 사람의 방에 들어가지 말며, 가려 놓은 곳에 이르러서는 굳이 남의 일을 알려고 하지 말며, 6일이 아니면 속옷을 빨지 말며, 손을 씻거나 이를 닦을 때 큰 소리로 코를 풀거

行益次에 不得搪揬越序하며
행 익 차 부 득 당 돌 월 서

經行次에 不得開襟掉臂하며
경 행 차 부 득 개 금 도 비

言談次에 不得高聲戲笑하며
언 담 차 부 득 고 성 희 소

非要事어든 不得出於門外하라
비 요 사 부 득 출 어 문 외

有病人이어든 須慈心守護하며
유 병 인 수 자 심 수 호

見賓客이어든 須欣然迎接하며
견 빈 객 수 흔 연 영 접

逢尊長이어든 須肅恭迴避하며
봉 존 장 수 숙 공 회 피

辦道具호대 須儉約知足하라
판 도 구 수 검 약 지 족

齋食時에
재 식 시

飮啜을 不得作聲하고
음 철 부 득 작 성

執放에 要須安詳하며
집 방 요 수 안 상

나 침을 뱉지 말며, 이익을 나누는 일을 할 때 당돌하게 차례를 어기지 말며, 경행을 할 때 옷깃을 헤치거나 팔을 흔들지 말며, 말할 때 소리를 높여 희롱하거나 크게 웃지 말며, 요긴한 일이 아니거든 문밖에 나가지 말라.

병든 사람이 있거든 마땅히 자비로운 마음으로 지켜 주고 간호할 것이며, 손님이 오거든 기쁜 마음으로 맞아들이며, 어른을 만나거든 마땅히 엄숙하고 공손한 마음으로 길을 비켜 드리며, 도구를 마련할 때는 마땅히 검소하고 약소한 것에 만족할 줄 알아라.

재식 시에, 마시고 씹는 소리를 내지 말고, 수저나 발우를 잡고 놓을 때에 모름지기 차근차근 조심스럽게 하며, 얼굴을 들고 이리저리 돌아보

不得擧顔顧視하며 不得欣厭精麁하라
부 득 거 안 고 시　　부 득 흔 염 정 추

須默無言說하고 須防護雜念하며
수 묵 무 언 설　　수 방 호 잡 념

須知受食이 但療形枯하야 爲成道業하며
수 지 수 식　　단 료 형 고　　위 성 도 업

須念般若心經호대
수 념 반 야 심 경

觀三輪淸淨하야 不違道用이어다
관 삼 륜 청 정　　불 위 도 용

2. 초심학인의 수행

赴焚修호대 須早暮勤行하야 自責懈怠하며
부 분 수　　수 조 모 근 행　　자 책 해 태

知衆行次하야 不得雜亂하며
지 중 행 차　　부 득 잡 란

讚唄祝願호대 須誦文觀義언정
찬 패 축 원　　수 송 문 관 의

不得但隨音聲하고 不得韻曲不調하며
부 득 단 수 음 성　　부 득 운 곡 부 조

지 말며, 맛있는 음식을 좋아하거나 맛없는 음식을 싫어하지 말라.

모름지기 아무 말 없이 먹어야 하며, 쓸데없는 생각을 방호하며, 밥을 먹는 것은 오직 몸이 쇠약해지는 것을 막아 도업을 이루기 위한 것임을 알며, 반야심경을 생각하되 삼륜이 청정한 것을 관하여 도를 쓰는 데 어기지 말지어다.

2. 초심학인의 수행

예불을 하고 기도를 하되, 아침저녁으로 부지런히 행하여 스스로 나태함을 꾸짖을 것이며, 대중이 행하는 때를 알아서 어지럽히지 말며, 범패를 하고 축원을 하되 모름지기 뜻을 관할지언정 단지 소리만 따라 내어서는 안 되고 곡조를 틀리

瞻敬尊顔하야 不得攀緣異境이어다
첨 경 존 안　부 득 반 연 이 경

須知自身罪障이 猶如山海하고
수 지 자 신 죄 장　유 여 산 해

須知理懺事懺으로 可以消除하며
수 지 이 참 사 참　가 이 소 제

深觀能禮所禮가 皆從眞性緣起하면
심 관 능 례 소 례　개 종 진 성 연 기

深信感應이 不虛하야 影響相從이니라
심 신 감 응　불 허　영 향 상 종

居衆寮호대
거 중 료

須相讓不爭하며 須互相扶護하며
수 상 양 부 쟁　수 호 상 부 호

愼諍論勝負하며 愼聚頭閒話하며
신 쟁 론 승 부　신 취 두 한 화

愼誤着他鞋하며 愼坐臥越次하며
신 오 착 타 혜　신 좌 와 월 차

對客言談에 不得揚於家醜하며
대 객 언 담　부 득 양 어 가 추

게 내지 말며, 존경하는 마음으로 부처님의 존안을 우러러보아 다른 경계에 이끌리지 말지어다.

모름지기 자신의 죄와 업장이 산과 같고 바다와 같은 줄을 알고, 마땅히 이참과 사참으로 죄업을 녹여 없앨 줄 알며, 예배하는 나와 예배 받는 부처님이 다 같이 진성으로부터 연기하는 줄을 관하면 감응이 헛되지 아니하여 그림자나 메아리가 서로 따르는 것과 같음을 깊이 믿을지니라.

대중방에 거처할 때, 서로 양보하여 다투지 말며, 모름지기 서로 돕고 보호하며, 말로써 다투어 승부를 가림을 삼가며, 머리를 맞대고 한가롭게 이야기하는 것을 삼가며, 다른 사람의 신을 신는 것을 삼가며, 앉고 누울 때 차례를 어기는 것을 삼가며, 객을 대하여 말할 때 집안의 허

但讚院門佛事하며
단 찬 원 문 불 사

不得詣庫房하야 見聞雜事하고 自生疑惑이어다
부 득 예 고 방 견 문 잡 사 자 생 의 혹

非要事어든 不得遊州獵縣하야
비 요 사 부 득 유 주 엽 현

與俗交通하야 令他憎嫉하고 失自道情이어다
여 속 교 통 영 타 증 질 실 자 도 정

儻有要事出行이어든
당 유 요 사 출 행

告住持人과 及管衆者하야 令知去處하며
고 주 지 인 급 관 중 자 영 지 거 처

若入俗家어든 切須堅持正念하야
약 입 속 가 절 수 견 지 정 념

愼勿見色聞聲하고 流蕩邪心이어든
신 물 견 색 문 성 유 탕 사 심

又况披襟戲笑하야 亂說雜事하며
우 황 피 금 희 소 난 설 잡 사

非時酒食으로 妄作無碍之行하야
비 시 주 식 망 작 무 애 지 행

물을 드러내지 말며, 오로지 산문 안의 불사를 찬탄할지며, 부질없이 고방에 가서 잡된 일을 보거나 듣고 스스로 의심을 내지 말지어다.

요긴한 일이 아니거든 이 마을 저 마을로 다니며 속인들을 사귀어 다른 사람으로부터 미움을 받거나 스스로의 도정을 잃는 일이 없어야 하느니라. 만일 요긴한 일이 있어 외출하거든 반드시 주지나 대중 관리자에게 가는 곳을 알려야 하며, 만약 속인의 집에 들어가거든 반드시 바른 생각을 굳게 지녀서 색을 보거나 소리를 듣는 것을 삼가고 방탕함과 삿된 마음이 일어나지 않도록 유의해야 할 것이거늘, 하물며 옷깃을 헤치고 희롱하는 웃음을 짓거나 잡된 일을 요란하게 말하며, 때 아닌 때에 술과 밥을 먹거나 망령되게 거침없

深乖佛戒리오
심 괴 불 계

又處賢善人의 嫌疑之間이면
우 처 현 선 인 혐 의 지 간

豈爲有智慧人也리오
기 위 유 지 혜 인 야

住社堂호대
주 사 당

愼沙彌同行하며 愼人事往還하며
신 사 미 동 행 신 인 사 왕 환

愼見他好惡하며 愼貪求文字하며
신 견 타 호 오 신 탐 구 문 자

愼睡眠過度하며 愼散亂攀緣이어다
신 수 면 과 도 신 산 란 반 연

3. 초심학인의 청법

若遇宗師의 陞座說法이어든
약 우 종 사 승 좌 설 법

切不得於法에 作懸崖想하야 生退屈心하며
절 부 득 어 법 작 현 애 상 생 퇴 굴 심

는 행동을 하여서 부처님의 계율을 어기리오.

그리하여 어질고 착한 사람들로부터 혐의를 받게 된다면 어찌 지혜로운 사람이라 할 수 있으리오.

사당에 있을 때, 사미승과 함께 행동하는 것을 삼가며, 사람의 일로 왕래하는 것을 삼가며, 다른 사람의 좋고 궂은 일 보기를 삼가며, 문자를 탐하여 구하는 것을 삼가며, 잠을 지나치게 자는 것을 삼가며, 어지럽게 반연하는 것을 삼갈지어다.

3. 초심학인의 청법

만약 종사가 법상에 올라 설법함을 만나거든, 법문을 듣고 천 길 낭떠러지를 어떻게 오를 수 있을까 하는 생각을 지어 퇴굴심을 일으키거

或作慣聞想하야 生容易心하고
혹 작 관 문 상 　 생 용 이 심

當須虛懷聞之하면 必有機發之時하리니
당 수 허 회 문 지 　 필 유 기 발 지 시

不得隨學語者하야 但取口辨이어다
부 득 수 학 어 자 　 단 취 구 판

所謂 蛇飮水하면 成毒하고
소 위 사 음 수 　 성 독

牛飮水하면 成乳인달하야
우 음 수 　 성 유

智學은 成菩提하고 愚學은 成生死가
지 학 　 성 보 리 　 우 학 　 성 생 사

是也니라
시 야

又不得於主法人에 生輕薄想이니
우 부 득 어 주 법 인 　 생 경 박 상

因之於道에 有障하야 不能進修하리니
인 지 어 도 　 유 장 　 불 능 진 수

切須愼之어다
절 수 신 지

論에 云호대
논 　 운

나 늘 들을 수 있는 것이라는 생각을 지어 용이심을 일으키지 말고, 모름지기 생각을 텅 비우고 들으면 기연을 발할 때가 있으리니, 말만 배우는 자를 따라서 단지 입으로만 판단하는 것을 취하지 말지어다.

이른바 "독사가 물을 마시면 독이 되고 소가 물을 마시면 젖이 된다. 지혜롭게 배우면 보리를 이루고 어리석게 배우면 생사를 이룬다."는 말씀이 이것이니라.

또 법을 주관하는 스님에 대하여 업신여기는 생각을 내지 말지니, 그로 말미암아 도에 장애가 되고 수행에 진전이 없으리니 모름지기 간절히 삼갈지어다.

논에 이르기를 "어떤 사람이 길을 가다가 횃

如人이 夜行에 罪人이 執炬當路어든
여 인 야 행 죄 인 집 거 당 로

若以人惡故로 不受光明하면
약 이 인 악 고 불 수 광 명

墮坑落塹去矣라하시니
타 갱 락 참 거 의

聞法之次에 如履薄氷하야
문 법 지 차 여 리 박 빙

必須側耳目而聽玄音하며
필 수 측 이 목 이 청 현 음

肅情塵而賞幽致라가
숙 정 진 이 상 유 치

下堂後에 默坐觀之호대
하 당 후 묵 좌 관 지

如有所疑어든 博問先覺하야
여 유 소 의 박 문 선 각

夕惕朝詢하야 不濫絲髮이어다
석 척 조 순 불 람 사 발

如是라야 乃可能生正信하야 以道爲懷者歟인저
여 시 내 가 능 생 정 신 이 도 위 회 자 여

無始習熟한 愛欲恚癡가
무 시 습 숙 애 욕 에 치

불을 들고 가는 죄인을 만났는데, 그 사람이 밉다고 불빛까지 받아들이지 않는다면 구렁텅이에 빠지고 말리라." 하시니, 법문을 들을 때는 마치 얇은 얼음을 밟는 것과 같이 조심하여 모름지기 귀와 눈을 기울여 깊은 말씀을 들을 것이며, 마음에 일어난 티끌을 가다듬어 그 깊은 뜻을 음미하다가 법문이 끝나면 묵묵히 앉아 관해 보다가 의심이 생기거든 널리 아는 이에게 물어야 하며, 아침저녁으로 생각하고 물어서 실낱만큼이라도 흘려버리지 말지어다.

이렇게 하여야 비로소 올바른 신심을 내어 도로써 자기 일을 삼는 자라고 할 것이니라.

비롯함이 없는 옛적부터 익혀 온 애욕과 성내는 마음과 어리석은 생각이 마음에 얽히고설켜서

纏綿意地하야 暫伏還起호니 如隔日瘧하나니
전 면 의 지 잠 복 환 기 여 격 일 학

一切時中에
일 체 시 중

直須用加行方便智慧之力하야 痛自遮護언정
직 수 용 가 행 방 편 지 혜 지 력 통 자 차 호

豈可閒謾으로 遊談無根하야 虛喪天日하면
기 가 한 만 유 담 무 근 허 상 천 일

欲冀心宗而求出路哉리오
욕 기 심 종 이 구 출 로 재

但堅志節하야 責躬匪懈하며
단 견 지 절 책 궁 비 해

知非遷善하야 改悔調柔어다
지 비 천 선 개 회 조 유

勤修而觀力이 轉深하고
근 수 이 관 력 전 심

鍊磨而行門이 益淨하리라
연 마 이 행 문 익 정

長起難遭之想하면 道業이 恒新하고
장 기 난 조 지 상 도 업 항 신

잠깐 수그러졌다가 다시 일어나는 것이 마치 하루거리와 같나니, 일체 생활 시간 속에서 모름지기 가행 방편과 지혜의 힘을 써서 번뇌를 능히 막고 마음을 보호할지언정, 한가로이 근거 없는 이야기로 세월을 헛되이 보낸다면 어찌 마음자리를 깨달아 윤회를 벗어나는 길을 구한다 하리오.

다만 뜻과 절개를 굳건히 하여 자기의 몸을 꾸짖어 게을리하지 말며, 그릇됨을 알았거든 선한 데로 옮겨 고치고 뉘우치고 부드럽게 만들지어다. 이렇게 부지런히 닦다 보면 관하는 힘이 더욱 깊어지고, 갈고닦을수록 수행의 문이 점점 맑아지느니라.

항상 불법 만나기 어렵다는 생각을 일으키면도 닦는 업이 늘 새로워질 것이고, 항상 경사스

常懷慶幸之心하면 終不退轉하리라
상 회 경 행 지 심 　 종 불 퇴 전

如是久久하면
여 시 구 구

自然定慧圓明하야 見自心性하며
자 연 정 혜 원 명 　 견 자 심 성

用如幻悲智하야 還度衆生하야
용 여 환 비 지 　 환 도 중 생

作人天大福田하리니 切須勉之어다
작 인 천 대 복 전 　 절 수 면 지

誡初心學人文 終

럽고 다행하다는 생각을 일으키면 마침내 물러나지 아니하리라.

이와 같이 오래오래 하다 보면 자연히 선정과 지혜가 뚜렷이 밝아져 자신의 마음자리를 보며, 환과 같은 자비와 지혜를 써서 모든 중생을 제도하여 인간과 천상의 큰 복밭이 되리니 모름지기 간절히 힘쓸지어다.

계초심학인문 끝

發心修行章
발심수행장

元曉 述
원효

無比 譯
무비

發心修行章
발 심 수 행 장

1. 부처님의 삶, 중생의 삶

夫諸佛諸佛이 莊嚴寂滅宮은
부 제 불 제 불 장 엄 적 멸 궁

於多劫海에 捨欲苦行이요
어 다 겁 해 사 욕 고 행

衆生衆生이 輪廻火宅門은
중 생 중 생 윤 회 화 택 문

於無量世에 貪欲不捨니라
어 무 량 세 탐 욕 불 사

無防天堂에 少往至者는
무 방 천 당 소 왕 지 자

三毒煩惱로 爲自家財요
삼 독 번 뇌 위 자 가 재

無誘惡道에 多往入者는
무 유 악 도 다 왕 입 자

발심수행장

1. 부처님의 삶, 중생의 삶

모든 부처님과 모든 보살들이 깨달음을 이루어서 적멸한 세계를 장엄하신 것은 오랜 세월 동안 모든 욕심을 버리고 애써서 수행하신 까닭이며, 일체중생이 불타는 집과 같은 사바세계에서 윤회하는 것은 한량없는 세상에서 탐욕을 버리지 못한 까닭이니라.

아무도 막지 않는 천당에 가는 사람이 적은 것은 탐진치와 온갖 번뇌를 자기 집의 재산으로 삼은 까닭이요, 유혹하지 않는 지옥 아귀 축생의 삼악도에 많이 들어가는 것은 사대육신과 다섯 가지

四蛇五欲으로 爲妄心寶니라
사 사 오 욕 위 망 심 보

人誰不欲歸山修道리오마는
인 수 불 욕 귀 산 수 도

而爲不進은 愛欲所纏이니라
이 위 부 진 애 욕 소 전

然而不歸山藪修心이나
연 이 불 귀 산 수 수 심

隨自身力하야 不捨善行이어다
수 자 신 력 불 사 선 행

自樂을 能捨하면 信敬如聖이요
자 락 능 사 신 경 여 성

難行을 能行하면 尊重如佛이니라
난 행 능 행 존 중 여 불

慳貪於物은 是魔眷屬이요
간 탐 어 물 시 마 권 속

慈悲布施는 是法王子니라
자 비 보 시 시 법 왕 자

욕망을 망령된 마음의 보물로 삼은 까닭이니라.

사람들이 누군들 산속에 들어가서 수행하고자 아니하리오마는 쉽사리 떠나지 못하는 것은 애욕에 얽혔기 때문이니라. 그러나 산속에 들어가서 수행하지는 못하더라도 자신들의 힘을 따라 열심히 선행하도록 하라. 자신의 즐거움을 능히 버리면 성인과 같이 믿고 공경할 것이며 어려운 수행을 능히 행하면 부처님과 같이 존중할 것이니라. 재물을 아끼고 탐하는 사람은 마군의 권속이요, 자비로 베풀고 나누는 사람은 부처님의 아들딸이니라.

2. 수행자의 삶

高嶽峩巖은 智人所居요
고 악 아 암 지 인 소 거

碧松深谷은 行者所捿니라
벽 송 심 곡 행 자 소 서

飢飡木果하야 慰其飢腸하고
기 손 목 과 위 기 기 장

渴飮流水하야 息其渴情이어다
갈 음 유 수 식 기 갈 정

喫甘愛養하여도 此身은 定壞요
끽 감 애 양 차 신 정 괴

着柔守護하여도 命必有終이니라
착 유 수 호 명 필 유 종

助響巖穴로 爲念佛堂하고
조 향 암 혈 위 염 불 당

哀鳴鴨鳥로 爲歡心友니라
애 명 압 조 위 환 심 우

拜膝이 如氷이라도 無戀火心하며
배 슬 여 빙 무 연 화 심

2. 수행자의 삶

높은 산과 빼어난 바위는 지혜로운 사람들의 머무는 곳이고, 푸른 소나무와 깊은 골짜기는 수행하는 사람들의 머무는 곳이니라. 배가 주리면 나무에 달린 과일을 먹어서 주린 창자를 위로하고, 목이 마르면 흐르는 물을 마셔 갈증을 달랠지어다. 맛있는 음식을 먹어서 육신을 아끼고 기르더라도 이 몸뚱이는 결정코 무너질 것이요, 부드러운 옷을 입어서 지키고 보호하더라도 목숨은 반드시 마칠 때가 있으리라.

메아리 소리 울려 퍼지는 바위굴로써 염불하는 집을 삼고, 슬피 우는 오리와 새들로 마음을 달래는 벗을 삼을지어다. 절하는 무릎이 얼음과 같이 시리더라도 따뜻한 불을 생각하는 마음이

餓腸이 如切이라도 無求食念이니라
아 장 여 절 무 구 식 념

忽至百年이어늘 云何不學이며
홀 지 백 년 운 하 불 학

一生이 幾何관대 不修放逸고
일 생 기 하 불 수 방 일

離心中愛를 是名沙門이요
이 심 중 애 시 명 사 문

不戀世俗을 是名出家니라
불 연 세 속 시 명 출 가

行者羅網은 狗被象皮요
행 자 라 망 구 피 상 피

道人戀懷는 蝟入鼠宮이니라
도 인 연 회 위 입 서 궁

雖有才智나 居邑家者는
수 유 재 지 거 읍 가 자

諸佛이 是人에 生悲憂心하시고
제 불 시 인 생 비 우 심

設無道行이라도 住山室者는
설 무 도 행 주 산 실 자

없고, 주린 창자가 끊어질 듯하더라도 음식을 구하고자 하는 생각이 없어야 하느니라. 홀연히 백년 세월에 이르거늘 어찌 배우지 아니하며, 일생이 얼마나 된다고 수행하지 아니하고 게으름을 피우는가.

마음속에서 애착을 떠나야 스님이라고 이름할 수 있고, 세속을 그리워하지 않아야 출가한 사람이라고 할 수 있느니라. 수행하는 사람이 세상일에 휩싸이는 것은 개가 코끼리의 가죽을 덮어쓰는 것이요, 도를 닦는 사람이 외롭고 쓸쓸한 생각을 품는 것은 고슴도치가 쥐구멍에 들어가는 격이니라. 비록 재주와 지혜가 있더라도 도시에 사는 사람들에 대해서는 모든 부처님이 이 사람에 대해서 근심하는 마음을 내고, 설사

衆聖이 是人에 生歡喜心하나니라
중성 시인 생환희심

雖有才學이나 無戒行者는
수유재학 무계행자

如寶所導而不起行이요
여보소도이불기행

雖有勤行이나 無智慧者는
수유근행 무지혜자

欲往東方而向西行이니라
욕왕동방이향서행

有智人의 所行은 蒸米作飯이요
유지인 소행 증미작반

無智人의 所行은 蒸沙作飯이니라
무지인 소행 증사작반

共知喫食而慰飢腸하되
공지끽식이위기장

不知學法而改癡心이로다
부지학법이개치심

行智具備는 如車二輪이요
행지구비 여거이륜

도가 없더라도 산속에 사는 사람들에 대해서는 여러 성인이 이 사람에 대해서 환희하는 마음을 내느니라.

비록 재능과 학문이 있더라도 계행이 없는 사람은 보물이 있는 곳으로 인도하여도 일어나서 가지 않는 것과 같고, 비록 부지런히 실천하더라도 지혜가 없는 사람은 동쪽으로 가고자 하면서 서쪽으로 향하여 가는 것과 같으니라. 지혜가 있는 사람이 하는 일은 쌀로써 밥을 짓는 것이요, 지혜가 없는 사람이 하는 일은 모래로써 밥을 짓는 것이니라.

모든 사람들이 밥을 먹어서 주린 창자를 위로할 줄 알면서 불법을 배워서 어리석은 마음을 고칠 줄은 알지 못하느니라. 행동과 지혜가 다 갖춰

自利利他는 如鳥兩翼이니라
자 리 이 타 여 조 양 익

得粥祝願호대 不解其意하면
득 죽 축 원 불 해 기 의

亦不檀越에 應羞恥乎며
역 부 단 월 응 수 치 호

得食唱唄호대 不達其趣하면
득 식 창 패 부 달 기 취

亦不賢聖에 應慚愧乎아
역 불 현 성 응 참 괴 호

人惡尾蟲이 不辨淨穢인달하야
인 오 미 충 불 변 정 예

聖憎沙門이 不辨淨穢니라
성 증 사 문 불 변 정 예

棄世間喧하고 乘空天上은 戒爲善梯니
기 세 간 훤 승 공 천 상 계 위 선 제

是故로 破戒하고 爲他福田은
시 고 파 계 위 타 복 전

如折翼鳥가 負龜翔空이라
여 절 익 조 부 구 상 공

진 것은 수레의 두 바퀴와 같고 자신도 이롭고 다른 이도 이롭게 하는 것은 새의 두 날개와 같도다.

죽을 받아서 축원하되 그 의미를 알지 못하면 또한 신도들에게 부끄럽지 아니하며, 밥을 받아서 염불을 하되 그 취지를 알지 못하면 또한 현자와 성인들에게 부끄럽지 아니한가. 사람들은 구더기가 깨끗하고 더러움을 분별하지 못하는 것을 싫어하듯이 성인들은 스님으로서 깨끗하고 더러움을 분별하지 못하는 것을 미워하느니라.

세상의 시끄러움을 버리고 텅 빈 천상에 올라가는 데는 계행이 좋은 사다리가 되나니 그러므로 계를 파하고 다른 사람들의 복전이 되는 것은 날개 부러진 새가 거북을 등에 업고 하늘로 날아가려는 것과 같으니라. 자신의 죄를 벗지

自罪를 未脫하면 他罪를 不贖이니라
자 죄 미 탈 타 죄 불 속

然하니 豈無戒行하고 受他供給이리오
연 기 무 계 행 수 타 공 급

無行空身은 養無利益이요
무 행 공 신 양 무 이 익

無常浮命은 愛惜不保니라
무 상 부 명 애 석 불 보

望龍象德하야 能忍長苦하고
망 용 상 덕 능 인 장 고

期獅子座하야 永背欲樂이니라
기 사 자 좌 영 배 욕 락

行者心淨하면 諸天이 共讚하고
행 자 심 정 제 천 공 찬

道人이 戀色하면 善神이 捨離하나니라
도 인 연 색 선 신 사 리

四大忽散이라 不保久住니
사 대 홀 산 불 보 구 주

今日夕矣라 頗行朝哉인저
금 일 석 의 파 행 조 재

못하고서는 다른 사람의 죄를 면하게 해 주지 못하나니 그러므로 어찌 계행이 없으면서 다른 사람들의 공양을 받을 수 있으리오.

수행이 없는 헛된 몸은 살려 봐야 이익이 없으며, 무상한 뜬목숨은 사랑하고 아껴 봐야 지키지 못하느니라. 용상대덕을 희망하면서 능히 오랜 고통을 참아 견디고, 사자의 자리를 기약하여 영원히 욕심과 즐거움을 버릴 것이니라.

수행하는 사람의 마음이 청정하면 모든 천신이 함께 찬탄하고, 도를 닦는 사람이 이성을 그리워하면 선신들이 버리고 떠나느니라. 지·수·화·풍 사대육신은 홀연히 흩어져서 오랫동안 머물지 못하나니 오늘도 이미 늦었으니 자못 서두를지어다.

世樂이 後苦어늘 何貪着哉며
세락 후고 하탐착재

一忍이 長樂이어늘 何不修哉리오
일인 장락 하불수재

道人貪은 是行者羞恥요
도인탐 시행자수치

出家富는 是君子所笑니라
출가부 시군자소소

3. 지금, 여기의 삶

遮言이 不盡이어늘 貪着不已하며
차언 부진 탐착불이

第二無盡이어늘 不斷愛着하며
제이무진 부단애착

此事無限이어늘 世事不捨하며
차사무한 세사불사

彼謀無際어늘 絶心不起로다
피모무제 절심불기

세상의 즐거움이 뒤에는 고통이 따르나니 어찌 탐착하겠으며, 한 번 참는 것이 오랫동안 즐겁나니 어찌 수행하지 않겠는가. 도를 닦는 사람이 탐욕을 부리는 것은 수행자의 부끄러움이요, 출가한 사람이 부귀한 것은 군자들이 비웃는 바이니라.

3. 지금, 여기의 삶

막는 말이 끝이 없거늘 탐착하기를 그만두지 아니하며, "다음에, 다음에" 하는 것이 다함이 없거늘 애착을 끊지 아니하도다. "이 일만 하고, 이 일만 하고" 하는 것이 한이 없지만 세상사를 버리지 못하며, "저 일만 하고, 저 일만 하고" 하는 것이 끝이 없지만 끊으려는 마음을 내지 못하도다.

今日不盡이어늘 造惡日多하고
금 일 부 진 조 악 일 다

明日無盡이어늘 作善日少하며
명 일 무 진 작 선 일 소

今年不盡이어늘 無限煩惱하고
금 년 부 진 무 한 번 뇌

來年無盡이어늘 不進菩提로다
내 년 무 진 부 진 보 리

時時移移하야 速經日夜하고
시 시 이 이 속 경 일 야

日日移移하야 速經月晦하며
일 일 이 이 속 경 월 회

月月移移하야 忽來年至하고
월 월 이 이 홀 래 년 지

年年移移하야 暫到死門하나니라
연 년 이 이 잠 도 사 문

破車不行이요 老人不修라
파 거 불 행 노 인 불 수

臥生懈怠하고 坐起亂識이니라
와 생 해 태 좌 기 난 식

"오늘만, 오늘만" 하는 것이 다함이 없건만 악을 짓는 것이 날마다 많아지며, "내일부터, 내일부터" 하는 것이 끝이 없건만 선행을 하는 것은 날마다 줄어들도다. "금년만, 금년만" 하는 것이 끝이 없건만 무한히 번뇌를 일으키며, "내년에는, 내년에는" 하는 것이 다함이 없건만 깨달음에 나아가지 못하도다.

시간 시간이 옮기고 옮겨서 하루가 빨리도 지나가며, 하루 하루가 옮기고 옮겨서 한 달이 빨리도 지나가며, 한 달 한 달이 옮기고 옮겨서 홀연히 한 해가 지나가며, 한 해 한 해가 옮기고 옮겨서 잠깐 사이에 죽음에 이르느니라.

고장 난 수레는 움직이지 못하고 늙은 사람은 수행하지 못하는지라, 누워서는 게으름만 피우

幾生不修어늘 虛過日夜하며
기 생 불 수　　허 과 일 야

幾活空身이어늘 一生不修오
기 활 공 신　　일 생 불 수

身必有終하리니 後身은 何乎아
신 필 유 종　　후 신　 하 호

莫速急乎며 莫速急乎아
막 속 급 호　막 속 급 호

發心修行章 終

고 앉아서는 어지러운 생각만 일으키도다. 얼마나 산다고 수행하지 아니하고 낮과 밤을 헛되게 보내며, 허망한 몸뚱이가 얼마나 살기에 일생을 수행하지 않는가.

이 몸은 반드시 마칠 때가 있으리니 다음 생의 몸은 무엇이 될 것인가. 급하지 아니하며 급하지 아니한가.

발심수행장 끝

自警文
자경문

野雲 述
야운

無比 譯
무비

自警文
자 경 문

1. 생사해탈

主人公아 聽我言하라
주인공 청아언

幾人이 得道空門裏어늘
기인 득도공문리

汝何長輪苦趣中고
여하장륜고취중

汝自無始已來로 至于今生히
여자무시이래 지우금생

背覺合塵하고 墮落愚癡하야
배각합진 타락우치

恒造衆惡而入三途之苦輪하며
항조중악이입삼도지고륜

不修諸善而沈四生之業海로다
불수제선이침사생지업해

자경문

1. 생사해탈

주인공아, 나의 말을 들으라. 많은 사람이 공문 속에서 도를 얻었거늘 어찌 그대는 괴로움의 갈래에서 길이 윤회하고 있는가.

그대는 시작함이 없는 옛적부터 지금에 이르기까지 깨달음의 세계를 등지고 객진번뇌에 몸을 맡기고 어리석음에 빠져 온갖 악업을 항상 지었기 때문에 삼악도의 괴로운 윤회에 시달렸으며, 갖가지 선행을 닦지 않았기 때문에 사생의 업의 바다에 잠겨 있음이로다.

身隨六賊故로 或墮惡趣則極辛極苦하고
신 수 육 적 고 혹 타 악 취 즉 극 신 극 고

心背一乘故로 或生人道則佛前佛後로다
심 배 일 승 고 혹 생 인 도 즉 불 전 불 후

今亦幸得人身이나 正是佛後末世니
금 역 행 득 인 신 정 시 불 후 말 세

嗚呼痛哉라 是誰過歟아
오 호 통 재 시 수 과 여

雖然이나
수 연

汝能反省하야 割愛出家하야
여 능 반 성 할 애 출 가

受持應器하고 着大法服하고
수 지 응 기 착 대 법 복

履出塵之逕路하고 學無漏之妙法하면
이 출 진 지 경 로 학 무 루 지 묘 법

如龍得水요 似虎靠山이라
여 용 득 수 사 호 고 산

其殊妙之理는 不可勝言이니라
기 수 묘 지 리 불 가 승 언

몸은 여섯 도둑을 따르는 까닭으로 나쁜 곳에 떨어지면 지독한 신고를 받게 되고, 마음은 일승을 등진 까닭에 사람으로 태어나더라도 부처님 나시기 전이나 부처님 가신 후가 됨이로다. 이제 또한 다행히 사람 몸을 얻었으나 바로 부처님 열반하신 이후 말법 세상이니 슬프고 애통한지라. 이것이 누구의 허물이겠는가.

비록 그러하나, 그대가 능히 반성하여 세상의 모든 애정을 끊고 출가하여, 바리때를 받아 지니고 큰 법복을 착용하고 티끌 세상을 벗어나는 지름길을 밟아 가고 무루의 묘법을 배우면, 마치 용이 물을 얻은 것과 같고 호랑이가 산을 의지하는 것과 같음이라. 그 수승하고 묘한 도리는 가히 말로 다할 수 없느니라.

人有古今이언정 法無遐邇하며
인 유 고 금 법 무 하 이

人有愚智언정 道無盛衰니
인 유 우 지 도 무 성 쇠

雖在佛時나 不順佛教則何益이며
수 재 불 시 불 순 불 교 즉 하 익

縱値末世나 奉行佛教則何傷이리오
종 치 말 세 봉 행 불 교 즉 하 상

故로 世尊이 云하사대
고 세 존 운

我如良醫하야 知病設藥하노니
아 여 양 의 지 병 설 약

服與不服은 非醫咎也며
복 여 불 복 비 의 구 야

又如善導하야 導人善道하노니
우 여 선 도 도 인 선 도

聞而不行은 非導過也라
문 이 불 행 비 도 과 야

自利利人이 法皆具足하니
자 리 이 인 법 개 구 족

사람에게는 옛날과 이제가 있을지언정 진리에 있어서는 멀고 가까움이 없으며, 사람에게는 어리석음과 지혜로움이 있을지언정 도에는 흥하고 쇠함이 없나니, 비록 부처님 당시에 태어났으나 부처님의 가르침을 따르지 않으면 무슨 이익이 있을 것이며, 비록 말세를 만났으나 부처님의 가르침을 잘 봉행한다면 무슨 해로움이 있으리오.

그렇기 때문에 부처님께서 말씀하시기를, "나는 훌륭한 의사와 같아서 병을 알아 약을 처방하니 그 약을 먹고 먹지 않는 것은 의사의 허물이 아니며, 또 나는 훌륭한 안내자와 같아서 사람을 좋은 길로 인도하노니 듣고도 행하지 아니하는 것은 인도하는 사람의 허물이 아니니라. 자기 자신도 이롭고 다른 사람에게도 이로운 법

若我久住라도 更無所益이라
약 아 구 주 갱 무 소 익

自今而後로 我諸弟子가
자 금 이 후 아 제 제 자

展轉行之則如來法身이 常住而不滅也리라하시니라
전 전 행 지 즉 여 래 법 신 상 주 이 불 멸 야

若知如是理則但恨自不修道언정
약 지 여 시 리 즉 단 한 자 불 수 도

何患乎末世也리오
하 환 호 말 세 야

伏望하노니
복 망

汝須興決烈之志하고 開特達之懷하야
여 수 흥 결 렬 지 지 개 특 달 지 회

盡捨諸緣하며 除去顚倒하고
진 사 제 연 제 거 전 도

眞實爲生死大事하야
진 실 위 생 사 대 사

於祖師公案上에 宜善叅究하야
어 조 사 공 안 상 의 선 참 구

以大悟로 爲則이언정 切莫自輕而退屈이어다
이 대 오 위 칙 절 막 자 경 이 퇴 굴

이 다 갖춰져 있나니, 만약 내가 더 오래 세상에 머문다 하더라도 더 이상 이로울 바가 없음이라. 지금 이후로 나의 모든 제자가 계속 정진하고 실천에 옮기면 여래법신이 상주하여 멸하지 않으리라." 하셨느니라. 만약 이와 같은 이치를 안다면 다만 스스로 진리의 길을 닦지 않음을 한탄할지언정 어찌 말세라 근심하리오.

엎드려 바라노니, 주인공은 모름지기 결렬한 뜻을 일으키고 특별한 열린 마음으로, 온갖 인연을 다 버리며 전도된 생각을 제거하고, 진실로 삶과 죽음이라는 큰일을 해결하기 위해 조사의 공안에 의지하여 마땅히 잘 참구하되, 오직 큰 깨달음으로써 법칙을 삼을지언정 절대로 가벼이 여겨서 스스로 물러서지 말지어다.

惟斯末運이라 去聖時遙하고
유 사 말 운 거 성 시 요

魔强法弱하고 人多邪侈하야
마 강 법 약 인 다 사 치

成人者少하고 敗人者多하며
성 인 자 소 패 인 자 다

智慧者寡하고 愚癡者衆하야
지 혜 자 과 우 치 자 중

自不修道하고 亦惱他人하나니
자 불 수 도 역 뇌 타 인

凡有障道之緣을 言之不盡이로다
범 유 장 도 지 연 언 지 부 진

恐汝錯路故로
공 여 착 로 고

我以管見으로 撰成十門하야 令汝警策하노니
아 이 관 견 찬 성 십 문 영 여 경 책

汝須信持하야 無一可違를 至禱至禱하노라
여 수 신 지 무 일 가 위 지 도 지 도

頌曰
송 왈

오직 말세라 성인이 가신 때가 오래되고 마구니는 강하고 정법은 약하며 간사하고 치사한 사람만 많아, 공부를 성취하는 사람은 적고 실패하는 사람은 많으며 지혜로운 사람은 적고 어리석은 사람은 많아, 스스로 도를 닦지 아니하고 오히려 다른 사람을 괴롭게 하나니, 무릇 도를 방해하는 인연을 말로 다할 수 없도다.

그대가 길을 그르칠까 염려되어 비록 나의 좁은 소견으로 열 가지 문을 마련하여 그대를 경책하노니, 그대는 모름지기 믿고 받아 가져서 한 가지도 어기지 말 것을 지극히 바라고 바라노라.

愚心不學增憍慢이요
우 심 불 학 증 교 만

癡意無修長我人이로다
치 의 무 수 장 아 인

空腹高心如餓虎요
공 복 고 심 여 아 호

無知放逸似顚猿이로다
무 지 방 일 사 전 원

邪言魔語肯受聽하고
사 언 마 어 긍 수 청

聖教賢章故不聞이로다
성 교 현 장 고 불 문

善道無因誰汝度리오
선 도 무 인 수 여 도

長淪惡趣苦纏身이로다
장 륜 악 취 고 전 신

어리석은 마음으로 배우지 않으면

교만만 더하고,

어리석은 마음으로 수행하지 않으면

아상, 인상만 커진다.

배고픈데 마음만 높으면

굶주린 호랑이와 같고,

아는 것 없이 방일하면

거꾸로 매달린 원숭이와 같음이로다.

삿된 소리와 마구니의 말은 곧잘 들어도

성현의 가르침과 현인의 글은 듣지 않음이로다.

착한 도에 인연이 없으니

누가 그대를 제도하리오.

길이 악취에 빠져

괴로움이 온몸을 휘감을 뿐이로다.

2. 자경십문

其一은 軟衣美食을 切莫受用이어다
기 일 연 의 미 식 절 막 수 용

自從耕種으로 至于口身히
자 종 경 종 지 우 구 신

非徒人牛의 功力多重이라
비 도 인 우 공 력 다 중

亦乃傍生의 損害無窮이라
역 내 방 생 손 해 무 궁

勞彼功而利我라도 尙不然也어든
노 피 공 이 리 아 상 불 연 야

況殺他命而活己를 奚可忍乎아
황 살 타 명 이 활 기 해 가 인 호

農夫도 每有飢寒之苦하고
농 부 매 유 기 한 지 고

織女도 連無遮身之衣어든
직 녀 연 무 차 신 지 의

況我長遊手어니 飢寒을 何厭心이리오
황 아 장 유 수 기 한 하 염 심

2. 자경십문

첫째는 부드러운 옷과 맛있는 음식을 함부로 받아 쓰지 말지어다.

밭 갈고 씨 뿌리는 일로부터 먹고 입는 데 이르기까지 사람과 소의 공력이 많고 무거울 뿐만 아니라, 그 때문에 죽고 상한 벌레들 또한 한량이 없느니라. 남을 수고롭게 하여 나를 이롭게 한다 하더라도 그렇게 해서는 안 될 것이거늘 하물며 다른 생명을 죽여 내 살기를 어찌 참을 수 있겠는가.

농부도 항상 굶주리고 추운 고통이 있고, 베 짜는 사람도 몸을 가릴 옷이 늘 있을 수 없는데, 하물며 항상 손을 놀려 뒀던 내가 춥고 배고픔을 어찌 싫어하리오.

軟衣美食은 當恩重而損道요
연의미식 당은중이손도

破衲蔬食은 必施輕而積陰이니
파납소식 필시경이적음

今生에 未明心이면 滴水도 也難消니라
금생 미명심 적수 야난소

頌曰
송왈

菜根木果慰飢腸하고
채근목과위기장

松落草衣遮色身이어다
송락초의차색신

野鶴青雲爲伴侶하고
야학청운위반려

高岑幽谷度殘年이어다
고잠유곡도잔년

其二는 自財를 不悋하고 他物을 莫求어다
기이 자재 불린 타물 막구

좋은 옷과 맛있는 음식에는 지중한 은혜가 따라서 도에 손해요, 떨어진 옷과 거친 음식은 반드시 시주의 은혜를 가볍게 하여 음덕을 쌓나니, 금생에 마음을 밝히지 못하면 한 방울의 물도 능히 소화시키기 어려우니라.

나물 뿌리와 나무 열매로 주린 창자를 위로하고
송락과 풀옷으로 몸을 가릴지어다.
들판의 학과 푸른 구름으로 벗을 삼고
높은 산 깊은 골에서 남은 생을 보낼지어다.

둘째는 자신의 재물을 아끼지 말고 다른 사람의 물건을 탐하지 말지어다.

三途苦上에 貪業이 在初요
삼 도 고 상 탐 업 재 초

六度門中에 行檀이 居首니라
육 도 문 중 행 단 거 수

慳貪은 能防善道요 慈施는 必禦惡徑이니
간 탐 능 방 선 도 자 시 필 어 악 경

如有貧人이 來求乞이어든
여 유 빈 인 내 구 걸

雖在窮乏이라도 無悋惜이니라
수 재 궁 핍 무 린 석

來無一物來요 去亦空手去라
내 무 일 물 래 거 역 공 수 거

自財도 無戀志어니 他物에 有何心이리오
자 재 무 연 지 타 물 유 하 심

萬般將不去요 唯有業隨身이라
만 반 장 불 거 유 유 업 수 신

三日修心은 千載寶요
삼 일 수 심 천 재 보

百年貪物은 一朝塵이니라
백 년 탐 물 일 조 진

頌曰
송 왈

삼악도의 괴로움은 탐욕으로 지은 업이 첫째요, 육바라밀 가운데는 보시행이 으뜸이니라. 아끼고 탐하는 것은 능히 착한 길을 막음이요, 자비로운 보시는 반드시 악한 길을 막으니, 가난한 사람이 와서 구걸하거든 비록 궁핍하더라도 아끼지 말지니라.

올 때 한 물건도 없이 왔고 갈 때 역시 빈손으로 가느니라. 스스로의 재물에도 연연할 것 없거니 다른 이의 재물에 어찌 마음이 있으리오.

아무리 많이 장만해도 가져가지 못하고 오직 업만 몸을 따라갈 뿐이라. 사흘 닦은 마음은 천년의 보배요, 백 년 탐한 재물은 하루아침의 티끌이니라.

三途苦本因何起요
삼 도 고 본 인 하 기

只是多生貪愛情이로다
지 시 다 생 탐 애 정

我佛衣盂生理足커늘
아 불 의 우 생 리 족

如何蓄積長無明고
여 하 축 적 장 무 명

其三은 口無多言하고 身不輕動이어다
기 삼 구 무 다 언 신 불 경 동

身不輕動則息亂成定이요
신 불 경 동 즉 식 란 성 정

口無多言則轉愚成慧니
구 무 다 언 즉 전 우 성 혜

實相은 離言이요 眞理는 非動이니라
실 상 이 언 진 리 비 동

口是禍門이니 必加嚴守하고
구 시 화 문 필 가 엄 수

身乃災本이니 不應輕動이니라
신 내 재 본 불 응 경 동

삼악도의 고통은 무엇 때문에 일어나는가.

다만 다생토록 탐하고 애착하는

마음 때문이로다.

가사와 발우면 살기에 부족함이 없는데

무엇하러 쌓고 모아 무명만 기르는고.

셋째는 말을 많이 하지 말고 가벼이 움직이지 말지어다.

몸을 가벼이 움직이지 않으면 산란한 마음을 쉬어 선정을 이루게 되고, 말이 많지 않으면 어리석음을 돌려 지혜를 이루니, 실다운 모습은 말을 떠남이요 진리는 움직이지 않음이니라.

사람의 입은 모든 화의 문이니 반드시 엄숙하게 지켜야 하고, 몸은 재앙의 근본이니 가볍게

數飛之鳥는 忽有羅網之殃이요
삭 비 지 조 홀 유 라 망 지 앙

輕步之獸는 非無傷箭之禍니라
경 보 지 수 비 무 상 전 지 화

故로 世尊이 住雪山하사 六年을 坐不動하시고
고 세 존 주 설 산 육 년 좌 부 동

達磨가 居少林하사 九歲를 默無言하시니
달 마 거 소 림 구 세 묵 무 언

後來叅禪者인들 何不依古蹤이리오
후 래 참 선 자 하 불 의 고 종

頌曰
송 왈

身心把定元無動하고
신 심 파 정 원 무 동

默坐茅庵絶往來어다
묵 좌 모 암 절 왕 래

寂寂寥寥無一事하고
적 적 요 요 무 일 사

但看心佛自歸依어다
단 간 심 불 자 귀 의

움직이지 말지니라. 자주 나는 새는 홀연히 그물에 걸릴 위험이 있고, 가벼이 다니는 짐승은 화살에 맞을 재앙이 없지 않으니라.

그러므로 세존께서 설산에 계시면서 육 년 동안 움직이지 않으시고, 달마 조사가 소림에 계시면서 구 년 동안 말없이 묵언하셨으니, 후세의 참선하는 이가 어찌 옛 자취를 따르지 않으리오.

몸과 마음을 다잡아 안정시켜 동합이 없게 하고
묵묵히 모암에 앉아 왕래를 끊을지어다.
고요하고 고요해서 아무 일도 없게 하고
다만 마음 부처를 보아 스스로 귀의할지어다.

其四는 但親善友언정 莫結邪朋이어다
기 사 단 친 선 우 막 결 사 붕

鳥之將息에 必擇其林이요
조 지 장 식 필 택 기 림

人之求學에 乃選師友니
인 지 구 학 내 선 사 우

擇林木則其止也安하고 選師友則其學也高니라
택 림 목 즉 기 지 야 안 선 사 우 즉 기 학 야 고

故로 承事善友를 如父母하며
고 승 사 선 우 여 부 모

遠離惡友를 似冤家니라
원 리 악 우 사 원 가

鶴無烏朋之計어니 鵬豈鷦友之謀리오
학 무 오 붕 지 계 붕 기 초 우 지 모

松裏之葛은 直聳千尋이요
송 리 지 갈 직 용 천 심

茅中之木은 未免三尺이니
모 중 지 목 미 면 삼 척

無良小輩는 頻頻脫하고
무 량 소 배 빈 빈 탈

得意高流는 數數親이어다
득 의 고 류 삭 삭 친

넷째는 선한 벗을 가까이할지언정 삿된 벗을 사귀지 말지어다.

새가 장차 쉬고자 할 때 반드시 그 숲을 선택하듯 사람이 공부하려 함에 스승과 벗을 가려야 하니, 숲과 나무를 잘 선택하면 잠자리가 편안하고 스승과 벗을 잘 만나면 공부가 높아지느니라. 그러므로 선한 벗 받들어 섬기기를 부모와 같이 하며, 나쁜 벗 멀리하기를 원수처럼 해야 하느니라. 학도 까마귀와 벗할 생각이 없거니, 붕새가 어찌 뱁새와 벗할 생각이 있으리오. 소나무를 의지한 칡넝쿨은 천 길을 곧게 올라가고 띠풀에 자라는 나무는 석 자를 넘지 못하나니, 어질지 못한 소인배는 멀리멀리 여의어야 하고 뜻을 얻은 고상한 사람들은 자주자주 가까이할지어다.

頌曰
송 왈

住止經行須善友하야
주 지 경 행 수 선 우

身心決擇去荊塵이어다
신 심 결 택 거 형 진

荊塵掃盡痛前路하면
형 진 소 진 통 전 로

寸步不移透祖關하리라
촌 보 불 이 투 조 관

其五는 除三更外에 不許睡眠이어다
기 오 제 삼 경 외 불 허 수 면

曠劫障道는 睡魔莫大하니
광 겁 장 도 수 마 막 대

二六時中에 惺惺起疑而不昧하며
이 육 시 중 성 성 기 의 이 불 매

四威儀內에 密密廻光而自看이어다
사 위 의 내 밀 밀 회 광 이 자 간

一生을 空過하면 萬劫에 追恨이니
일 생 공 과 만 겁 추 한

머물 때나 경행할 때나 좋은 벗을 구하여
몸과 마음을 잘 가려
가시와 먼지를 제거할지어다.
가시와 먼지 모두 없어져
앞길이 툭 터지면
한 걸음도 옮기지 않고
조사관문을 뚫으리라.

다섯째는 삼경 외에는 잠을 허락하지 말지어다.

오랜 세월 동안 도에 방해되는 것은 수마보다 더한 것이 없으니 열두 시간 항상 또렷또렷하게 의심을 일으켜 매이지 말며, 행주좌와에 빈틈없이 빛을 돌이켜 스스로를 살필지어다.

일생을 헛되게 보낼 것 같으면 만겁에 이르도

無常은 剎那라 乃日日而驚怖요
무상 찰나 내일일이경포

人命은 須臾라 實時時而不保니
인명 수유 실시시이불보

若未透祖關이면 如何安睡眠이리오
약미투조관 여하안수면

頌曰
송왈

睡蛇雲籠心月暗하니
수사운롱심월암

行人到此盡迷程이로다
행인도차진미정

箇中拈起吹毛利하면
개중염기취모리

雲自無形月自明하리라
운자무형월자명

其六은 切莫妄自尊大하야 輕慢他人이어다
기육 절막망자존대 경만타인

록 한이 따르니, 무상은 찰나라 매일매일 놀랍고 두려운 일이요, 사람의 목숨은 잠깐 사이라 한시도 보장되어 있지 않으니, 만약 조사관을 뚫지 못하였다면 어찌 편히 잠을 잘 수 있으리오.

잠이라는 뱀은
마음의 달을 어둡게 하는 구름이니
수행자가 여기에 이르러
길을 잃고 헤맴이로다.
그 가운데 취모리를 잡아 힘껏 일으키면
구름은 스스로 사라지고 달은 스스로 밝으리라.

여섯째는 망령되이 스스로를 높여 남을 업신여기지 말지어다.

修仁得仁은 謙讓이 爲本이요
수 인 득 인 겸 양 위 본

親友和友는 敬信이 爲宗이니라
친 우 화 우 경 신 위 종

四相山이 漸高하면 三途海가 益深하니라
사 상 산 점 고 삼 도 해 익 심

外現威儀는 如尊貴나 內無所得은 似朽舟니
외 현 위 의 여 존 귀 내 무 소 득 사 후 주

官益大者는 心益小하고 道益高者는 意益卑라
관 익 대 자 심 익 소 도 익 고 자 의 익 비

人我山崩處에 無爲道自成하나니
인 아 산 붕 처 무 위 도 자 성

凡有下心者는 萬福이 自歸依니라
범 유 하 심 자 만 복 자 귀 의

頌曰
송 왈

憍慢塵中藏般若요
교 만 진 중 장 반 야

我人山上長無明이로다
아 인 산 상 장 무 명

어진 마음을 닦아 어질게 되는 것은 겸손과 사양이 근본이요, 벗과 친해지고 화목하게 하는 것은 공경과 믿음이 으뜸이 되느니라. 사상의 산이 높아지면 삼악도의 바다는 더욱 깊어지느니라.

밖은 근사한 모양으로 존귀한 듯 꾸몄으나 안으로 얻을 바 없음은 썩은 배와 같나니, 벼슬이 높은 사람은 마음을 더욱 작게 하고 도가 높은 사람은 그 뜻을 더욱 낮추어라. 분별의 상이라는 산이 무너진 곳에 무위의 도가 저절로 이루어지나니, 무릇 하심하는 사람에게는 온갖 복이 저절로 돌아오느니라.

교만의 티끌 속에 지혜는 감춰짐이요

분별심 위에 무명만 자람이로다.

輕他不學躘踵老하면
경 타 불 학 용 종 로

病臥辛吟恨不窮하리라
병 와 신 음 한 불 궁

其七은 見財色이어든 必須正念對之어다
기 칠 견 재 색 필 수 정 념 대 지

害身之機는 無過女色이요
해 신 지 기 무 과 여 색

喪道之本은 莫及貨財니라
상 도 지 본 막 급 화 재

是故로 佛垂戒律하사 嚴禁財色하사대
시 고 불 수 계 율 엄 금 재 색

眼覩女色이어든 如見虎蛇하고
안 도 여 색 여 견 호 사

身臨金玉이어든 等視木石하라하시니라
신 림 금 옥 등 시 목 석

雖居暗室이나 如對大賓하야
수 거 암 실 여 대 대 빈

隱現同時하며 內外莫異어다
은 현 동 시 내 외 막 이

남을 가벼이 여겨 공부하지 않고 세월만 보내면 병들어 신음할 때 한탄만 가득하리라.

일곱째는 재물과 색을 보거든 모름지기 반드시 바른 생각으로 그것을 대할지어다.

몸을 해치는 계기는 여색의 화보다 더한 것이 없음이요, 도를 손상시키는 근본은 재화에 미침이 없느니라. 그러므로 부처님께서 계율로 재물과 색을 엄히 금하시면서 말씀하시길 "여색을 보거든 호랑이나 뱀을 보는 것과 같이 하고, 몸에 금과 옥이 따르거든 나무나 돌을 보듯이 하라." 하셨느니라.

비록 깜깜한 방에 혼자 있을지라도 큰 손님을 대하는 것과 같이 하여 남이 볼 때나 보지 않을

心淨則善神이 必護하고
심 정 즉 선 신 필 호

戀色則諸天이 不容하나니
연 색 즉 제 천 불 용

神必護則雖難處而無難이요
신 필 호 즉 수 난 처 이 무 난

天不容則乃安方而不安이니라
천 불 용 즉 내 안 방 이 불 안

頌曰
송 왈

利慾閻王引獄鎖요
이 욕 염 왕 인 옥 쇄

淨行陀佛接蓮臺니라
정 행 타 불 접 연 대

鎖拘入獄苦千種이요
쇄 구 입 옥 고 천 종

船上生蓮樂萬般이니라
선 상 생 연 락 만 반

때나 한결같이 하며, 안과 밖을 다르게 하지 말지어다. 마음이 깨끗하면 선신이 보호하고 색을 그리워하면 하늘이 용납하지 않나니, 선신이 반드시 보호하면 비록 험한 곳에 있어도 어지럽지 않고, 하늘이 용납하지 않으면 편한 곳에 있어도 마음이 편안하지 않으니라.

이익을 욕심내면 염라대왕이 지옥으로 이끌고
청정한 행위를 하면
아미타불이 연화대로 영접하느니라.
족쇄에 구속되어 지옥세계로 들어가면
고통이 끝이 없고
반야용선 타고 연꽃으로 태어나면
즐거움이 가득하네.

其八은 莫交世俗하야 令他憎嫉이어다
기 팔 막 교 세 속 영 타 증 질

離心中愛曰沙門이요 不戀世俗曰出家니라
이 심 중 애 왈 사 문 불 연 세 속 왈 출 가

旣能割愛揮人世인댄 復何白衣로 結黨遊리오
기 능 할 애 휘 인 세 부 하 백 의 결 당 유

愛戀世俗은 爲饕餮이니
애 연 세 속 위 도 철

饕餮은 由來로 非道心이니라
도 철 유 래 비 도 심

人情이 濃厚하면 道心疎니 冷却人情永不顧어다
인 정 농 후 도 심 소 냉 각 인 정 영 불 고

若欲不負出家志인댄 須向名山窮妙旨호대
약 욕 불 부 출 가 지 수 향 명 산 궁 묘 지

一衣一鉢로 絶人情하야
일 의 일 발 절 인 정

飢飽에 無心하면 道自高니라
기 포 무 심 도 자 고

頌曰
송 왈

여덟째는 세속의 사람을 사귀어 다른 사람으로 하여금 미워하거나 질투하게 하지 말지어다.

마음 가운데 애착을 떠남이 사문이요, 세속을 그리워하지 않음이 출가이니라. 이미 능히 애착을 끊고 인간 세상을 뛰어넘었을진댄 어찌 다시 세속 사람들과 무리를 지으리오. 세속을 애착하고 그리워하는 것은 도철이니, 도철은 본래로도 닦는 마음이 아니니라.

인정이 농후하면 도심이 멀어지니, 인정을 냉각시켜 영원히 돌아보지 말지어다. 만약 출가의 뜻을 저버리지 않고자 할진댄 마땅히 명산을 찾아 묘한 이치를 궁구하되, 가사 한 벌과 바리때 하나로 인정을 끊어, 주리고 배부름에 무심하면 도가 스스로 높아지느니라.

爲他爲己雖微善이나
위 타 위 기 수 미 선

皆是輪廻生死因이니라
개 시 윤 회 생 사 인

願入松風蘿月下하야
원 입 송 풍 라 월 하

長觀無漏祖師禪이어다
장 관 무 루 조 사 선

其九는 勿說他人過失이어다
기 구 물 설 타 인 과 실

雖聞善惡이나 心無動念이니
수 문 선 악 심 무 동 념

無德而被讚은 實吾慚愧요
무 덕 이 피 찬 실 오 참 괴

有咎而蒙毁는 誠我欣然이니라
유 구 이 몽 훼 성 아 흔 연

欣然則知過必改요 慚愧則進道無怠니라
흔 연 즉 지 과 필 개 참 괴 즉 진 도 무 태

勿說他人過하라 終歸必損身이니라
물 설 타 인 과 종 귀 필 손 신

나와 남을 위하는 것이 비록 작은 선행이나
이 모두가 생사를 윤회하는 원인이니라.
원컨대 솔바람 칡넝쿨 달빛 아래에서
길이 다함없는 조사선을 관할지어다.

아홉째는 다른 사람의 허물을 말하지 말지어다.

비록 좋고 싫은 소리이나 마음에 움직이지 말지니, 덕도 없이 남의 칭찬을 받는 것은 참으로 부끄러워해야 할 일이요, 허물이 있어 비방하는 소리를 듣는 것은 진실로 내가 기뻐해야 할 일이니라. 기뻐하면 잘못을 알아 반드시 고칠 수 있고, 부끄러워할 줄 알면 도에 나아가는 데 게으름이 없을 것이니라.

다른 사람의 허물을 말하지 말라. 결국에는 다

若聞害人言이어든 如毁父母聲하라
약 문 해 인 언 여 훼 부 모 성

今朝에 雖說他人過나 異日에 回頭論我咎니라
금 조 수 설 타 인 과 이 일 회 두 론 아 구

雖然이나
수 연

凡所有相이 皆是虛妄이니
범 소 유 상 개 시 허 망

譏毁讚譽에 何憂何喜리오
기 훼 찬 예 하 우 하 희

頌曰
송 왈

終朝亂說人長短타가
종 조 난 설 인 장 단

竟夜昏沈樂睡眠이로다
경 야 혼 침 낙 수 면

如此出家徒受施라
여 차 출 가 도 수 시

必於三界出頭難이니라
필 어 삼 계 출 두 난

시 돌아와 반드시 자신을 해치느니라. 만약 다른 사람을 해롭게 하는 말을 듣거든 부모를 비방하는 소리로 들으라. 오늘 비록 다른 사람의 허물을 말하나 다른 날에 나의 허물을 논하게 되느니라.

비록 그러하나, 무릇 있는바 상이 모두 허망한 것이니, 헐뜯고 욕하고 칭찬하고 치켜세운다고 어찌 근심하고 기뻐하리오.

아침이 다하도록
다른 사람의 장단점을 어지럽게 말하다가
밤이 이슥하도록
혼침에 떨어져 잠만을 즐기는도다.
이와 같은 출가자는 신도의 시주만을 받는 것이라
반드시 삼계를 벗어나기 참으로 어려우니라.

其十은 居衆中하야 心常平等이어다
기 십 거 중 중 심 상 평 등

割愛辭親은 法界平等이니
할 애 사 친 법 계 평 등

若有親踈면 心不平等이라
약 유 친 소 심 불 평 등

雖復出家나 何德之有리오
수 부 출 가 하 덕 지 유

心中에 若無憎愛之取捨하면
심 중 약 무 증 애 지 취 사

身上에 那有苦樂之盛衰리오
신 상 나 유 고 락 지 성 쇠

平等性中에 無彼此요 大圓鏡上에 絶親踈니라
평 등 성 중 무 피 차 대 원 경 상 절 친 소

三途出沒은 憎愛所纏이요
삼 도 출 몰 증 애 소 전

六道昇降은 親踈業縛이니라
육 도 승 강 친 소 업 박

契心平等하면 本無取捨니
계 심 평 등 본 무 취 사

若無取捨인댄 生死何有리오
약 무 취 사 생 사 하 유

열째는 대중 가운데 머물면서 마음은 항상 평등을 유지할지어다.

애착을 끊고 부모를 떠난 것은 불법의 세계가 평등하기 때문이니, 만약 친함과 친하지 아니함이 있다면 마음이 평등하지 아니함이라. 비록 다시 출가하였으나 무슨 덕이 있으리오. 마음 가운데에 만약 미움도 사랑도 취하고 버릴 것이 없다면 몸에 어찌 괴로움과 즐거움의 성하고 쇠함이 있으리오. 평등의 성품에는 이것과 저것이 없고, 대원경에는 가깝고 먼 것이 끊어졌느니라.

삼악도에서 출몰함은 미움과 사랑에 얽힌 바요, 육도를 오르내림은 가깝고 멀다 하는 속박의 업 때문이니라. 마음이 평등한 데에 계합하면 본래 취하고 버릴 것이 없으니, 만약 취사가

頌曰
송 왈

欲成無上菩提道인댄
욕 성 무 상 보 리 도

也要常懷平等心이어다
야 요 상 회 평 등 심

若有親疎憎愛計하면
약 유 친 소 증 애 계

道加遠兮業加深하리라
도 가 원 혜 업 가 심

3. 전법도생

主人公아 汝值人道가 當如盲龜遇木이어늘
주 인 공 여 치 인 도 당 여 맹 구 우 목

一生이 幾何관대 不修懈怠요
일 생 기 하 불 수 해 태

人生難得이요 佛法難逢이라
인 생 난 득 불 법 난 봉

此生에 失却하면 萬劫에 難遇니
차 생 실 각 만 겁 난 우

없을진댄 생사가 어찌 있으리오.

위없는 깨달음을 이루고자 할진댄

요컨대 항상 평등한 마음을 품을지어다.

만약 친소증애를 따지면

도는 더욱 멀어지고 업은 더욱 깊어지리라.

3. 전법도생

주인공아, 그대가 사람의 몸을 받은 것이 마땅히 눈먼 거북이 나무를 만난 것과 같거늘, 한평생이 얼마나 되기에 수행하지 않고 게으름만 피우는가. 사람으로 태어나기 어려운 일이요, 불법 만나기는 더욱 어려우니라. 금생에 잃어버리면 만겁을 지나도 만나기 어려우니, 모름지기

須持十門之戒法하야 日新勤修而不退하고
수 지 십 문 지 계 법 일 신 근 수 이 불 퇴

速成正覺하야 還度衆生이어다
속 성 정 각 환 도 중 생

我之本願은 非爲汝獨出生死大海라
아 지 본 원 비 위 여 독 출 생 사 대 해

亦乃普爲衆生也니 何以故오
역 내 보 위 중 생 야 하 이 고

汝自無始以來로 至于今生히
여 자 무 시 이 래 지 우 금 생

恒値四生하야 數數往還호미
항 치 사 생 삭 삭 왕 환

皆依父母而出沒也라
개 의 부 모 이 출 몰 야

故로 曠劫父母가 無量無邊하니
고 광 겁 부 모 무 량 무 변

由是觀之컨댄
유 시 관 지

六道衆生이 無非是汝의 多生父母라
육 도 중 생 무 비 시 여 다 생 부 모

如是等類가 咸沒惡趣하야
여 시 등 류 함 몰 악 취

자경십문의 법에 의지하여 날마다 새롭고 부지런히 수행하여 물러나지 말고, 속히 정각을 이루어 중생을 제도할지어다.

나의 본래 소원은 그대 혼자만 생사의 바다를 벗어나기 위함이 아니라 여러 중생을 위한 것이니, 이는 무슨 까닭인고.

그대가 시작 없는 옛적부터 금생에 이르기까지 네 가지로 생명을 받아 자주자주 오간 것은 모두 부모에 의지하여 출몰한 것이라. 그러므로 지극히 오랜 세월 동안 의지한 부모는 한량이 없었으니, 이렇게 관찰해 보건대 육도 중생이 수많은 세월 동안 그대의 부모가 아닌 경우가 없음이라.

이와 같은 중생들이 악취에 떨어져 밤낮 큰 괴

日夜에 受大苦惱하나니
일 야 수 대 고 뇌

若不拯濟면 何時出離리오
약 부 증 제 하 시 출 리

嗚呼哀哉라 痛纏心腑로다
오 호 애 재 통 전 심 부

千萬望汝하노니 早早發明大智하야
천 만 망 여 조 조 발 명 대 지

具足神痛之力과 自在方便之權으로
구 족 신 통 지 력 자 재 방 편 지 권

速爲洪濤之智楫해서 廣度欲岸之迷倫이어다
속 위 홍 도 지 지 즙 광 도 욕 안 지 미 륜

君不見가
군 불 견

從上諸佛諸祖가 盡是昔日에 同我凡夫일러니라
종 상 제 불 제 조 진 시 석 일 동 아 범 부

彼旣丈夫라 汝亦爾니
피 기 장 부 여 역 이

但不爲也언정 非不能也니라
단 불 위 야 비 불 능 야

古曰 道不遠人이라 人自遠矣라
고 왈 도 불 원 인 인 자 원 의

로움을 받고 있나니, 만약 구제하지 않으면 어느 때 벗어날 수 있으리오.

아, 슬프고 슬프도다. 가슴이 저리고 애달프도다. 천번 만번 그대에게 바라노니, 어서 빨리 큰 지혜를 밝혀 신통력과 자재한 방편을 갖추어, 신속히 거친 파도를 헤쳐 가는 돛대가 되어 탐욕의 저 언덕에서 헤매는 미혹한 중생들을 널리 제도할지어다.

그대는 보지 못했는가. 역대의 모든 부처님과 조사들이 옛날에는 우리와 같은 범부였느니라. 저들도 장부요 그대도 역시 장부이니, 다만 하지 않아서일 뿐 능력이 없어서가 아니니라.

옛사람이 말하기를 "도가 사람을 멀리하는 것이 아니라 사람이 스스로 멀리한다." 하였으며,

又云 我欲仁이면 斯仁이 至矣라하시니
우 운 아 욕 인 사 인 지 의

誠哉라 是言也여
성 재 시 언 야

若能信心不退則誰不見性成佛이리오
약 능 신 심 불 퇴 즉 수 불 견 성 성 불

我今에 證明三寶하고 一一戒汝하노니
아 금 증 명 삼 보 일 일 계 여

知非故犯則生陷地獄하리니
지 비 고 범 즉 생 함 지 옥

可不愼歟며 可不愼歟아
가 불 신 여 가 불 신 여

頌曰
송 왈

玉兎昇沈催老像이요
옥 토 승 침 최 노 상

金烏出沒促年光이로다
금 오 출 몰 촉 년 광

求名求利如朝露요
구 명 구 리 여 조 로

或苦或榮似夕烟이로다
혹 고 혹 영 사 석 연

또 말하기를 "내가 어질고자 하면 어진 것이 스스로 찾아온다."고 하였으니 진실로 옳은 말씀이니라.

만약 능히 신심이 물러서지 않는다면 누가 견성성불을 못하리오. 나는 이제 삼보를 증명으로 모시고 한 가지 한 가지씩 그대에게 경계를 한 것이니, 잘못인 줄 알면서 고의로 범하면 산 채로 지옥에 떨어지리니, 부디 삼가고 또 삼가도록 하라.

옥토끼 오르내려 늙음을 재촉함이요
금까마귀 출몰하여 세월만 재촉함이로다.
명리를 구하는 것은 아침 이슬과 같음이요
괴로움과 영화는 저녁 연기와 같음이로다.

勸汝慇懃修善道하노니
권 여 은 근 수 선 도

速成佛果濟迷倫이어다
속 성 불 과 제 미 륜

今生若不從斯語하면
금 생 약 부 종 사 어

後世當然恨萬端이리라
후 세 당 연 한 만 단

自警文 終

그대에게 권하노니 부지런히 도를 닦아

속히 성불하여 미혹한 무리를 제도할지어다.

금생에 만약 나의 말을 따르지 않는다면

후세에 당연히 한탄함이 끝이 없으리라.

자경문 끝

如天 無比

1943년 영덕에서 출생하였다. 1958년 출가하여 덕홍사, 불국사, 범어사를 거쳐 1964년 해인사 강원을 졸업하고 동국역경연수원에서 수학하였다. 10여 년 선원생활을 하고 1976년 탄허 스님에게 화엄경을 수학하고 전법, 이후 통도사 강주, 범어사 강주, 은해사 승가대학원장, 대한불교조계종 교육원장, 동국역경원장, 동화사 한문불전승가대학원장 등을 역임하였다.

2018년 5월에는 수행력과 지도력을 갖춘 승랍 40년 이상 되는 스님에게 품서되는 대종사 법계를 받았다. 현재 부산 문수선원 문수경전연구회에서 150여 명의 스님과 300여 명의 재가 신도들에게 화엄경을 강의하고 있다. 또한 다음 카페 '염화실'(http://cafe.daum.net/yumhwasil)을 통해 '모든 사람을 부처님으로 받들어 섬김으로써 이 땅에 평화와 행복을 가져오게 한다.'는 인불사상人佛思想을 펼치고 있다.

저서로 『대방광불화엄경 강설』(전 81권), 『무비 스님의 유마경 강설』(전 3권), 『대방광불화엄경 실마리』, 『무비 스님의 왕복서 강설』, 『무비 스님이 풀어 쓴 김시습의 법성게 선해』, 『법화경 법문』, 『신금강경 강의』, 『직지 강설』(전 2권), 『법화경 강의』(전 2권), 『신심명 강의』, 『임제록 강설』, 『대승찬 강설』, 『당신은 부처님』, 『사람이 부처님이다』, 『이것이 간화선이다』, 『무비 스님과 함께하는 불교공부』, 『무비 스님의 증도가 강의』, 『일곱 번의 작별인사』, 무비 스님이 가려 뽑은 명구 100선 시리즈(전 4권) 등이 있고 편찬하고 번역한 책으로 『화엄경(한글)』(전 10권), 『화엄경(한문)』(전 4권), 『금강경 오가해』 등이 있다.

무비 스님의 초발심자경문 독송본

초판 1쇄 발행 2024년 10월 26일

편찬 여천무비 (如天無比)
펴낸이 오세룡
편집 박성화 손미숙 윤예지 여수령 정연주
기획 곽은영 최윤정
디자인 고혜정 김효선 최지혜
홍보·마케팅 정성진

펴낸곳 담앤북스
주소 서울특별시 종로구 새문안로3길 23 경희궁의 아침 4단지 805호
대표전화 02-765-1251(영업부) 02-765-1250(편집부)
전송 02-764-1251
전자우편 dhamenbooks@naver.com

출판등록 제300-2011-115호

ISBN 979-11-6201-490-5 03220

정가 12,000원